This Book Belongs To

____

____

Maintain the serial

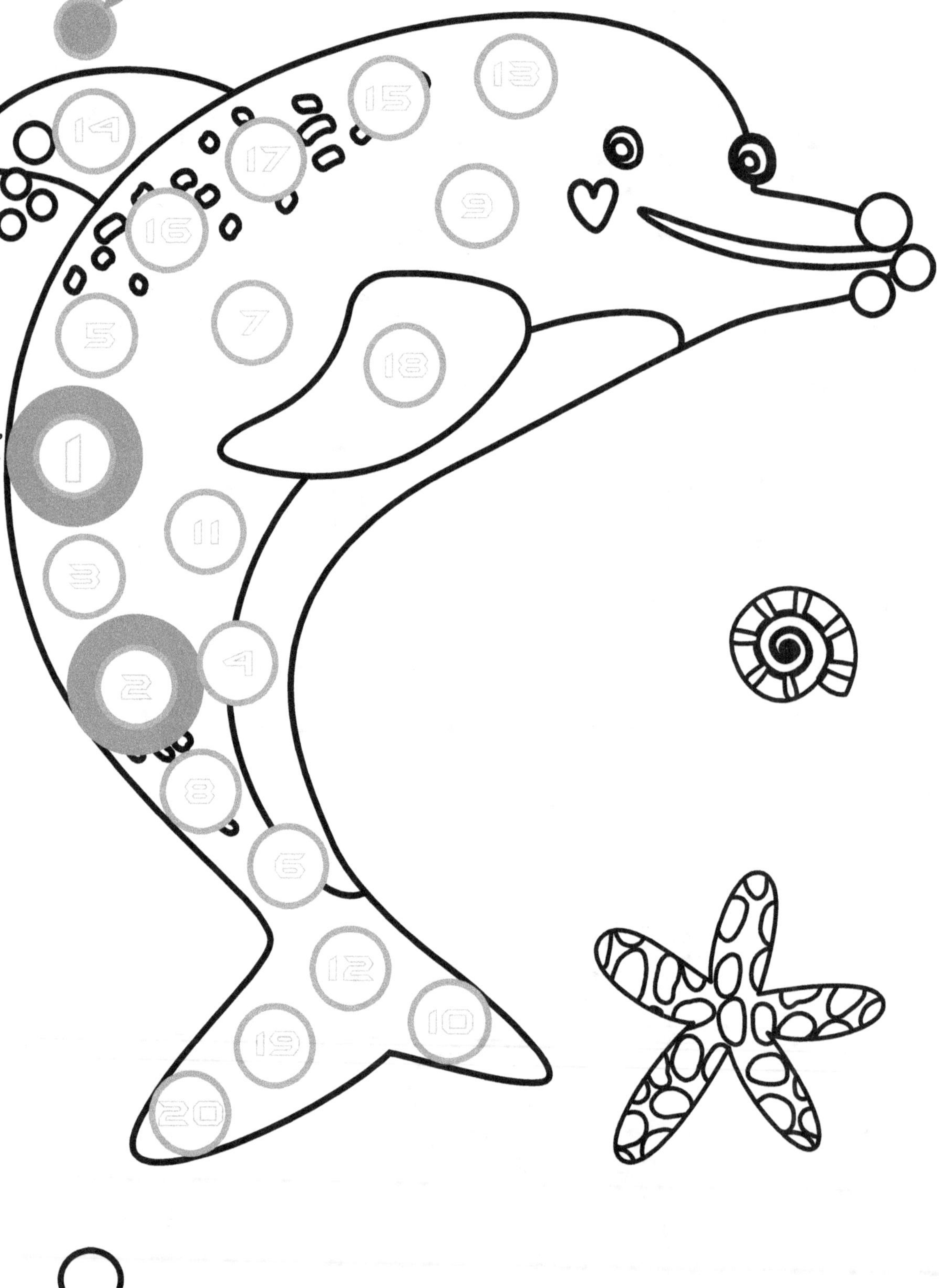

Your turn

Very good

Maintain the serial

1 2 3 4 5 6 7 8 9 10 11 12 13

Your turn 14 15 16 17 18 19 20 Very good

16 7 5 4 18 1 2 8 3 14 11 15 9 13 6 17 10 20 19 12

Well done

Maintain the serial
Your turn
Very good
Well done

Maintain the serial

1 2 3 4 5 6 7 15 9 10 11 12 13

Your turn

14 8 16 17 18 19 20

Very good

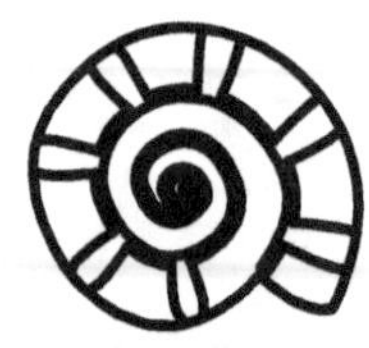

Well done

Maintain the serial
Your turn
Very good
Well done

Maintain the serial

Your turn

Very good

Well done

Maintain the serial

Maintain the serial

Your turn

Very good

Well done

Maintain the serial

1 2 3 4 5 6 7 19 9 10 11 12 13

Your turn 14 15 16 17 18 8 20 **Very good**

Well done

Maintain the serial

1 19 3 4 5 6 7 8 9 10 11 12 13

Your turn 14 15 16 17 18 2 20 Very good

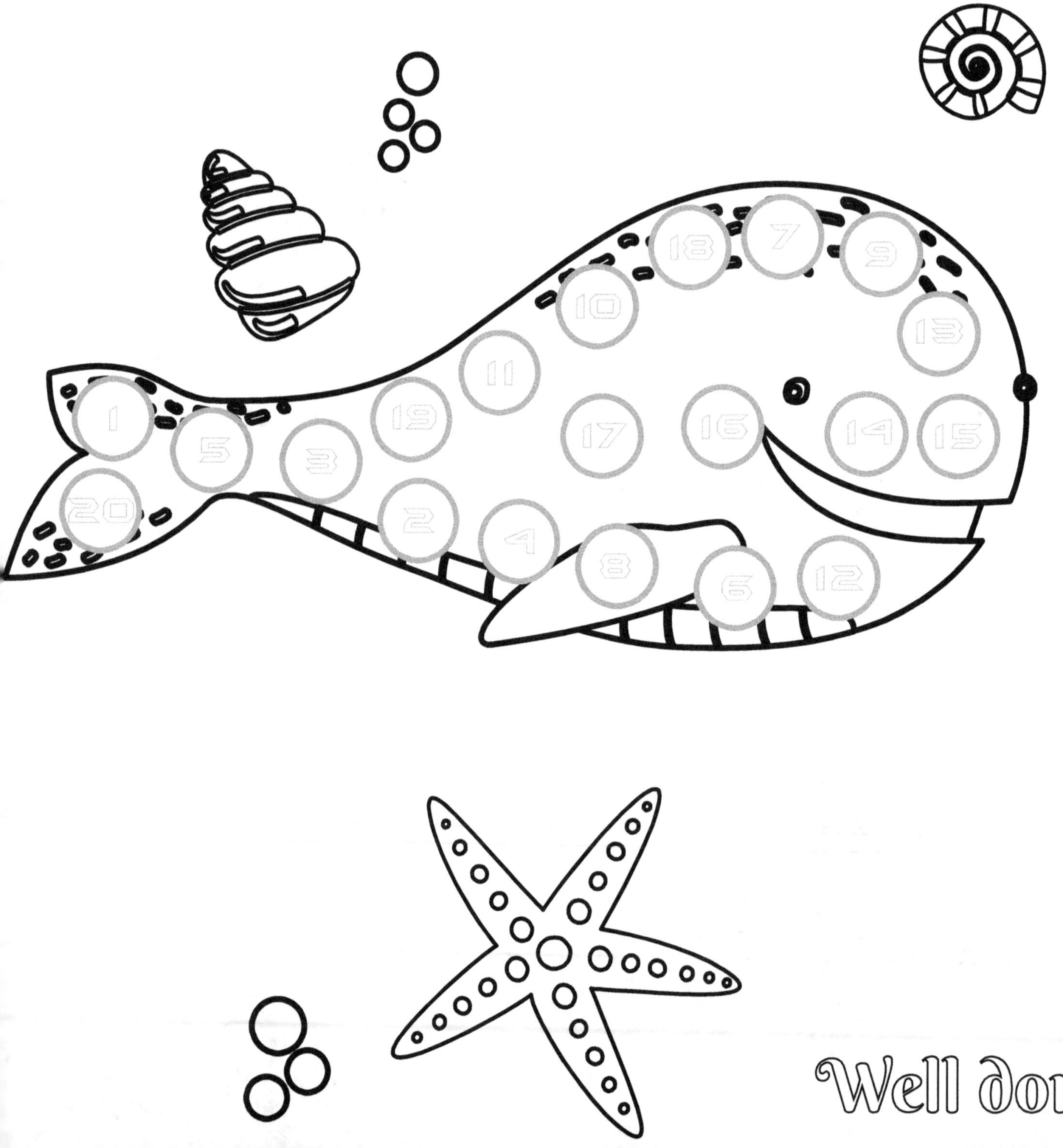

Well done

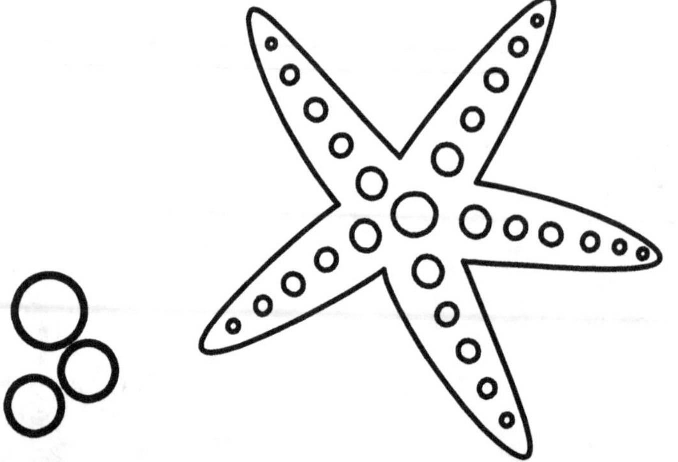

Maintain the serial

1 2 3 4 5 6 7 8 9 19 11 12 13

Your turn 14 15 16 17 18 10 20 Very good

Well done

Maintain the serial

① ② ③ ④ 20 ⑥ ⑦ ⑧ ⑨ ⑩ ⑪ ⑫ ⑬

Your turn ⑭ ⑮ ⑯ ⑰ ⑱ ⑲ ⑤ Very good

Well done

Maintain the serial

① ② ③ ④ ⑤ ⑥ ⑦ ⑧ ⑨ ⑩ ⑪ ⑰ ⑬

Your turn ⑭ ⑮ ⑯ ⑫ ⑱ ⑲ ⑳ Very good

Well done

Maintain the serial

Your turn   Very good

Well done

Maintain the serial
Your turn
Very good
Well done

Maintain the serial
Your turn
Very good
Well done

Maintain the serial
Your turn
Very good
Well done

Maintain the serial

Your turn

Very good

Well done

Maintain the serial

Your turn

Very good

Well done

Maintain the serial

Your turn

Very good

Well done

Maintain the serial
Your turn
Very good
Well done

Maintain the serial
Your turn
Very good

Well done

Maintain the serial
Your turn
Very good
Well done

Maintain the serial
1 2 6 4 5 3 7 8 9 10 11 12 13
Your turn
14 15 16 17 18 19 20
Very good
Well done

Maintain the serial

Maintain the serial

Your turn

Very good

Well done

Maintain the serial
Your turn
Very good
Well done

Maintain the serial
Your turn
Very good
Well done

Maintain the serial
Your turn
Very good
Well done

Maintain the serial
Your turn
Very good
Well done

Maintain the serial
Your turn
Very good
Well done

Maintain the serial

Your turn

Very good

Well done

Maintain the serial
Your turn
Very good
Well done

Maintain the serial
Your turn
Very good
Well done